AF468912

# LIGUE DE LA DÉFENSE SOCIALE

---

# LA SITUATION DE LA FRANCE ET LE BON SENS FRANÇAIS

PARIS
IMPRIMERIE ET LIBRAIRIE CENTRALES DES CHEMINS DE FER
IMPRIMERIE CHAIX
SOCIÉTÉ ANONYME AU CAPITAL DE SIX MILLIONS
Rue Bergère, 20
1886

LIGUE DE LA DÉFENSE SOCIALE

# LA SITUATION DE LA FRANCE ET LE BON SENS FRANÇAIS

PARIS
IMPRIMERIE ET LIBRAIRIE CENTRALES DES CHEMINS DE FER
**IMPRIMERIE CHAIX**
SOCIÉTÉ ANONYME AU CAPITAL DE SIX MILLIONS
Rue Bergère, 20
1886

# LA

# SITUATION DE LA FRANCE

ET

# LE BON SENS FRANÇAIS

---

Grâce au ciel, et malgré les fureurs de la droite et de l'extrême gauche, momentanément unies dans un même sentiment, les pouvoirs du Président de la République sont renouvelés pour sept ans, et la France a déclaré légalement qu'elle ne se retirerait pas du Tonkin.

Ces deux résultats obtenus presque par miracle, — car il a fallu les invalidations d'une part et le nom de M. Grévy de l'autre, pour qu'on pût les réaliser, — ont sauvé la France de l'abîme où elle allait rouler par l'aberration d'une partie de ses enfants; mais elle reste penchée sur le précipice, et, seul, le bon sens français peut la remettre en équilibre sur un terrain solide. S'il peut accomplir ce travail de salut, il est du devoir de tous ceux qui croient voir la vérité dans cette grave question, de faire part à leurs concitoyens de ce qu'ils pensent. C'est ce devoir qui nous met à la main une plume dont nous voudrions savoir user plus habilement.

## I

La première partie de notre proposition n'a pas besoin d'être démontrée. La France est toujours sur le bord de l'abîme, puisque, dans la Chambre des députés, la droite, unie à l'extrême gauche, peut empêcher toute action gouvernementale en renversant successivement tous les ministères, sans être elle-même capable, même avec l'adjonction de l'extrême gauche, d'en constituer un qui soit viable.

Et qu'on ne dise pas que la droite ne sera pas assez déraisonnable pour se livrer à un jeu aussi puéril et aussi dangereux. Quand on l'a vue, à l'unanimité, moins un membre courageux, refuser les crédits du Tonkin; quand on l'a vue, à l'unanimité moins neuf membres, s'abstenir dans le scrutin pour l'élection du Président de la République et tenter d'ajourner cette élection ou même de rendre impossible la tenue du Congrès ; quand on a vu ces deux faits indéniables, on doit redouter que, poussant plus avant son obstruction à la manière irlandaise, elle s'oppose à la formation d'un ministère quelconque, afin que puisse se réaliser le rêve que M. Rochefort formulait ainsi jadis :

Article premier : *Il n'y a plus rien.*

Article 2 : *Personne n'est chargé de l'exécution du présent décret.*

Il est aisé de comprendre à quel degré de faiblesse, d'abaissement et de ruine tomberait le pays, si cette hypothèse, qu'autorisent l'attitude passée de la droite et celle de l'extrême gauche, venait à se réaliser.

Le bon sens français ne se révoltera-t-il pas enfin contre des extrémités semblables?

Devrons-nous nous laisser mourir parce que, dans un moment d'erreur, certains départements ont confié leurs pouvoirs, pour les représenter dans les assises nationales, à des énergumènes de droite ou de gauche, qui ont perdu toute mesure, tout sens commun?

Évidemment non.

Qu'y a-t-il donc à faire?

Envisageons le péril de sang-froid et recherchons les moyens de le conjurer.

Analysons d'abord, nous concluerons ensuite.

A considérer la composition de la Chambre des députés, — qui est nommée d'hier, que certains collèges électoraux sont, en ce moment même, en train de compléter, — on pourrait croire qu'une immense quantité d'électeurs veulent, à tout prix, empêcher la République moyenne d'exister.

Mettez derrière les noms de toute la droite, moins Mgr Freppel, et de toute l'extrême gauche le nombre de suffrages obtenus par elles dans les élections des 4 et 18 octobre et les élections complémentaires, vous arrivez à un total énorme, presque égal au nombre des suffrages accordés aux 273 votants des crédits du Tonkin.

Or, l'intention manifeste de la droite entière est de tuer la République en lui rendant l'existence impossible ; celle de l'extrême gauche est aussi de la tuer si elle ne consent pas à réaliser un programme irréalisable, celui de M. Michelin, par exemple.

Est-ce là ce qu'ont voulu ces millions d'électeurs qui ont envoyé à la Chambre les candidats de « l'Opposition conservatrice » ? Non, mille fois non. Ils ont donné mandat à des hommes hostiles à la République, il est vrai, mais qui dissimulaient soigneusement cette hostilité sous couleur d'opposition conservatrice. Ils leur ont donné mandat de retenir la République sur la pente radicale où elle glissait visiblement, de s'opposer aux mesures violentes, d'appuyer toutes les mesures propres à maintenir le crédit et la dignité de la France, d'administrer les finances sagement, mais sans avarice sordide, et de *laisser la forme du gouvernement hors de question.*

Pour quiconque est de sang-froid, le contrat était clair, et si l'on veut s'en rendre compte, il suffit d'interroger, dans un département quelconque, dix électeurs ayant voté pour la liste de « l'Opposition conservatrice ». On en trouvera huit au moins qui manifesteront les intentions énoncées plus haut.

Et les électeurs qui ont donné leurs voix aux listes radicales, ont-ils voulu qu'on égorgeât la République si on ne pouvait la convertir aux idées extrêmes qui représentent leurs aspirations ?

Non, mille fois non encore.

Cette catégorie d'électeurs, envisagée dans ses grandes lignes, se compose :

Des déshérités de la vie, qui croient apporter un remède à leurs souffrances en remettant leur mandat au comte de Douville-Maillefeu ou au marquis de Rochefort-Luçay, par exemple, dont le cœur passe pour extrêmement sensible à ce genre de souffrances, et qu'on prend, à tort ou à raison, pour des Vincent-de-Paul laïques ;

Puis des hommes à imagination ardente, qui trouvent la société mal constituée comme elle est, — ce qui est vrai en partie, — et voudraient brusquement la voir reconstruite selon leurs rêves, — ce qui est impossible ;

Et aussi des timides qui, enserrés dans un milieu radical, redoutent les injures, les sarcasmes, les mauvais traitements de leurs voisins, et, pour se sauver de ces inconvénients, se font radicaux par peur, les plus extrêmes des radicaux;

Enfin des avisés, qui se font du radicalisme *une carrière* et l'exploitent à leur profit, soit comme candidats, soit comme électeurs, car il est beaucoup d'endroits où d'être radical, même sans conviction, peut rapporter beaucoup de profit, comme d'être légitimiste, même sans conviction, rapporte honneur et profit en Vendée.

Eh bien! ces quatre grandes catégories d'électeurs ont voulu dire à leurs mandants :

Vous vous efforcerez de pousser en avant la République que nous trouvons trop lente à accomplir les réformes que nous rêvions; vous tâcherez de faire payer les impôts par les riches seuls; d'exonérer nos enfants du service militaire en les faisant remplacer, si vous pouvez, par des séminaristes; de n'ordonner que des dépenses qui profitent à nous, comme des caisses d'invalides, des baraquements pour la nuit, des ateliers nationaux, etc.; vous ferez, si possible, que nous travaillions moins de temps et que nous soyions payés plus chers. Vous poursuivrez, d'une haine farouche, la laïcisation de tout, même des hôpitaux; vous persécuterez les prêtres, car nous les haïssons sans trop savoir pourquoi.

Vous ferez tout cela, si vous pouvez, mais prenez bien garde, dans vos efforts, que nous voulons violents, de mettre à mort cette République fadasse que nous avons, car elle serait remplacée par un régime qui retarderait indéfiniment nos revendications, même les moins folles, et nous rejetterait dans la servitude et l'abandon.

La grande majorité des électeurs radicaux a dit cela à ses mandataires, et voilà que ceux-ci, de M. Camille Pelletan à M. Clémenceau, s'unissent à la droite, aux pires ennemis de la République, pour lui porter le coup mortel en la réduisant à l'impuissance de vivre!

Sciemment ou inconsciemment, ces messieurs manquent à leur mandat, comme la droite manque au sien.

Il y a un malentendu formidable entre les électeurs et les élus.

La grande masse des électeurs a entendu qu'on maintînt la République debout : ceux de droite voulant qu'on ralentît sa marche, ceux de gauche qu'on l'accélérât.

Et les mandataires, réunis en un faisceau hybride et monstrueux, manœuvrent pour faire tomber la République en poussière, ce qui amènerait un régime inconnu, que nul ne peut prévoir et qui s'appelle, entre initiés, le *Solutionisme!*

## II

Si la Constitution réduisait le pouvoir politique à la seule Chambre des députés, comme le demandait l'autre jour M. Michelin en quittant majestueusement le Congrès, le malentendu entre électeurs et députés serait sans remède et la France périrait sans rémission, faute d'un gouvernement.

Heureusement la Constitution fait résider le pouvoir politique dans une Chambre des députés, un Sénat et un Président de la République. Nous avons donc deux planches de salut : le Sénat et le Président de la République renommé hier pour sept ans, M. Grévy.

Car, à l'aide de ces deux rouages, et l'action du temps, ce facteur indispensable de toute opération humaine, du temps qui

« Respecte mal ce qu'on a fait sans lui, »

nous pouvons nous tirer de ce mauvais pas et remettre en plaine le char de l'État.

En effet, de deux choses l'une : ou les députés, calmés, rafraîchis, retrempés par leur congé du premier de l'an, par le contact avec leurs électeurs, comprendront l'erreur où ils sont tombés, reviendront à des sentiments plus conformes à ceux de leurs électeurs, et constitueront entre eux une majorité comprenant tous ceux qui respectent la forme du gouvernement et veulent seulement que son action soit libérale et sage. Du sein de cette majorité sortira alors un ministère républicain, libéral et sage, qui gouvernera très convenablement la France, puisqu'il s'appuiera sur une majorité considérable et aura mandat d'être ferme dans son action, libéral et modéré dans sa conduite. Ce ministère résoudra, au mieux de nos intérêts et de notre honneur, la question de l'Indo-Chine en choisissant bien ses agents d'exécution ; il abandonnera complètement les tracasseries religieuses qui aliènent, sans profit, à la République, ses meilleurs auxiliaires, et, par sa libérale tolérance religieuse, il gagnera des alliés dans le clergé lui-même, dont le chef suprême est plus libéral qu'aucun de nous.

Les finances seront administrées par ce même ministère dans un esprit de sage économie ; beaucoup de dépenses ordonnancées par l'esprit de transaction avec les radicaux seront supprimées ; l'activité renaissant avec la sécurité, rendra leur puissance productive aux impôts qui seront proportionnels aux facultés de chacun et non pas progressifs, c'est-à-dire très lourds pour les riches et nuls pour les pauvres, chose injuste, puisque les pauvres profitent, comme les riches, des bienfaits de l'association politique.

On n'écoutera pas, dans les questions qui intéressent l'honneur de la France et son avenir, la voix seule de l'économie. Il est très économique de faire rentrer toutes les troupes du Tonkin, cela est vrai; mais, le lendemain de cette rentrée, il faudrait dépenser des sommes plus grosses que l'économie réalisée pour nous maintenir en Cochinchine et même en Algérie; de plus, nous serions amoindris dans l'opinion du monde, et les Allemands attendent toujours une bonne occasion pour en finir avec leurs voisins, dont l'anéantissement peut seul leur donner toute sécurité.

Enfin, les calculs les plus pessimistes, pourvu qu'ils ne soient pas manifestement inspirés par le parti-pris, sont impuissants à démontrer que *l'argent qui reste à consacrer à cette œuvre* ne rapportera pas, en avantages de toute nature, un profit égal à celui qu'on retirerait du même argent consacré, par exemple, à la distribution de l'instruction intégrale préconisée par M. Clémenceau, ou d'ateliers nationaux, selon le goût du Conseil municipal de Paris.

L'économie, en cette circonstance, ressemblerait fort à celle d'un propriétaire de champ qui trouverait plus économique de ne pas l'ensemencer. Il épargnerait, à coup sûr, les frais de culture et de semence, mais aurait-il agi plus sagement que son voisin qui, ayant fait, lui, la dépense, récoltera à la fin de l'année trois, quatre ou cinq fois ce qu'il aura semé?

En un mot, le ministère républicain, libéral et sage, gérera nos affaires au moins aussi bien que les clients princiers de MM. Baudry d'Asson, Paul de Cassagnac, de Mackau ou Jolibois.

Que pouvons-nous désirer de plus, et cette solution ne serait-elle pas la meilleure et la plus satisfaisante? Nous entendons bien que notre supposition peut ne pas se réaliser, que les députés peuvent aller passer leurs vacances du premier de l'an dans leurs circonscriptions, ne causer qu'avec des gens aussi échauffés, aussi peu raisonnables qu'eux, et revenir au Palais-Bourbon dans des dispositions tout aussi intransigeantes, tout aussi peu pratiques que par le passé. Nous tombons alors dans la seconde branche du dilemme et il faut voir ce qui se passera.

## III

Le ministère actuel, ou tout autre qu'on pourra former, se trouvera réduit à l'impuissance, car il n'aura même pas les quatre voix de majorité du ministère Brisson, les invalidations devant ramener à la Chambre une vingtaine au moins « d'antitonkinistes » et le département de la Seine ayant complété sa députation par six radicaux du meilleur teint.

D'où, impossibilité de former un ministère viable, et c'est ici qu'entrent en ligne nos deux planches de salut : le Sénat et M. Grévy.

L'accord de ces deux pouvoirs permet justement de dissoudre la Chambre des Députés et de convier les électeurs à en renommer de nouveaux, pour que le dernier mot, au dernier moment, reste à la nation.

M. Grévy, pendant les sept années de sa première présidence, a surabondamment prouvé qu'il est le serviteur résigné des volontés du Parlement, quand on peut supposer que le Parlement représente la majorité des Français. On l'a vu signer docilement les résolutions les plus étranges et les plus contradictoires parce qu'elles étaient adoptées par les Chambres. Certains esprits irréfléchis le lui reprochent; il faut l'en louer, au contraire, et reconnaître que la nature avait merveilleusement préparé M. Grévy au rôle de Président de la République française, telle qu'elle existe aujourd'hui.

C'est à croire que la nature se doutait que vers 1878, les Français se décideraient à essayer cette forme de gouvernement et, qu'en bonne mère, elle avait préparé, sous la Restauration, un jeune Français à remplir supérieurement ce rôle.

Ce que pense le Président de notre République sur chacune des questions que soulève la politique est indifférent; ce qui importe, c'est qu'il fasse loyalement exécuter les volontés du Parlement mandataire de la France.

M. Grévy a-t-il jamais manqué à l'accomplissement de ce devoir?

Il avait pensé jadis, il pense peut-être encore, que, pour une république, un président est inutile ou dangereux; cependant le Parlement avait décidé qu'il y aurait un président, et M. Grévy a accepté ce poste.

*

Et il l'a occupé sans défaillance, sans ambition cachée, sans trahison, sans immixtion inconstitutionnelle dans les affaires. Il a été le chef d'État-major général du souverain anonyme qu'on nomme la France et qui dicte ses arrêts par un Parlement composé selon une formule légale.

Jamais il n'a substitué son idée personnelle à la volonté du souverain, comme aurait pu le faire M. Thiers, bien plus apte à être président du Conseil des Ministres, que président de République. Et M. Thiers, certainement très supérieur à M. Grévy pour certains côtés, n'aurait pas été un président de République idéal, non plus que Gambetta, non plus que tant d'autres, que la nature a faits volontaires, et propres surtout à exécuter leurs conceptions personnelles.

M. Grévy est, de tous les Français connus, le plus apte à bien remplir les fonctions de Président de la République.

Son âge, sa correction, son calme, sa docilité à obéir aux décisions du Parlement le rendent incomparable pour cet emploi, et c'est par une inspiration d'en haut que 457 membres du Congrès l'ont désigné à nouveau.

On lui reproche, dans quelques salons, son absence de faste. S'il en déployait, on le raillerait dans les mêmes salons. On lui en veut de son économie. C'est un bon exemple qu'il donne à une nation trop amoureuse de ce qui brille. Barras n'était pas économe, ni les deux Bonaparte; nous en sommes-nous mieux trouvés? Énumérez les noms que l'on met en avant pour la présidence de la République: duc d'Aumale, comte de Paris, prince Jérôme Bonaparte, marquis de Galliffet, amiral de Dompierre d'Hornoy, maréchal Canrobert, Brisson, Duclerc, Jules Simon et les autres, et cherchez-en un, un seul, qui donne la même tranquillité par le manque d'ambition personnelle, la dignité réelle de la vie, et l'obéissance aux volontés de la nation?

Eh bien! ce serviteur docile va être obligé de renvoyer devant les électeurs une Chambre des Députés, tout fraîchement nommée, parce qu'elle se trompe, — restons polis, — sur le mandat qu'elle a reçu.

Cette Chambre veut empêcher la République de fonctionner; elle renverse tous les ministères; elle ne peut constituer de majorité sérieuse sur aucune question, grande ou petite.

Il y a malentendu évident, car la nation n'a pas pu vouloir entrer dans le néant. D'ailleurs, la nation le dirait à nouveau si, par impossible, son intention était de se suicider. Elle n'aurait qu'à renommer les mêmes Irlandais de France, qui, eux, n'ont pas, comme les Irlandais d'Angleterre, l'excuse d'être opprimés par des Anglais.

Et M. Grévy pourra signer le décret de dissolution sans qu'on se méprenne sur ses intentions. On ne l'accusera pas de vouloir se faire nommer empereur ou même stathouder, comme il arriverait, pour sûr, au duc d'Aumale ou au prince Jérôme Bonaparte si, étant présidents de République, ils étaient réduits à la même extrémité. Tout le monde reconnaîtra que, si cette extrémité est dure, elle était inévitable et, qu'à l'heure de périr il fallait absolument consulter le pays un an, six mois, trois mois après l'avoir déjà consulté sans qu'on ait compris son sentiment.

## IV

Dans cette voie de salut, M. Grévy ne rencontrera pas d'obstacles de la part du Sénat. Cette assemblée, par fortune, est aussi sage et en possession de ses facultés, que la Chambre l'est peu.

Là, une grande majorité a voté les crédits du Tonkin en vingt-quatre heures; les abstentionnistes du Congrès contenaient très peu de sénateurs.

Ainsi cette institution, si attaquée, si décriée par les énergumènes de la gauche va justifier sa raison d'être en nous sauvant. On niait qu'elle pût servir à quelque chose, et elle va montrer qu'elle peut nous arracher au danger de périr comme nation; on soutenait qu'issue d'un mode particulier de suffrage, elle ne pourrait jamais être d'accord avec le pays, et elle va dire au pays : « Tes mandataires n'obéissent pas à ta volonté; nous les renvoyons devant toi pour que tu le leur dises ». Et le pays le dira en choisissant d'autres mandataires. Noble réponse à ses détracteurs, et affirmation de son bon sens et de sa vitalité, voilà ce que sera, pour le Sénat, le décret de dissolution de la Chambre des Députés !

## V

Voici donc la question transportée devant les électeurs par de nouvelles élections générales.

Cherchons à préjuger la réponse que fera le corps électoral. Il se compose, en nombres ronds, de dix millions d'électeurs. En le considérant de très haut, on peut le partager en trois grandes catégories :

Ceux qui haïssent ou redoutent la forme républicaine ;

Ceux qui s'y sont ralliés ou la préfèrent à toute autre, quand elle est adoptée par le pays ;

Ceux qui la considèrent comme d'essence divine, indiscutable et devant être imposée, même par la force.

Le premier groupe a reçu le nom assez expressif de réactionnaires ;

Le second est formé des républicains de sentiment ou de raison ;

Le troisième comprend les intransigeants ou, encore, les radicaux.

Sans faire d'appréciation de nombres, on peut affirmer que le second groupe est très supérieur en nombre à la somme des deux extrêmes, et qu'il constituerait la majorité s'il consentait à ne pas se laisser diviser par des nuances.

Essayons d'établir la vérité de cette affirmation.

De quoi se compose le groupe des réactionnaires ? De tous ceux qui, ayant jadis, soit par eux, soit par leurs auteurs, participé à l'une des monarchies modernes : premier Empire, Restauration, monarchie de Juillet, second Empire, ont conservé des attaches avec les débris qui représentent ces divers régimes ; l'affection ou l'ambition les retiennent dans des sanctuaires fermés, dans lesquels on espère tous les jours, pour le lendemain, le couronnement du roi ou l'avènement du César. On s'y maintient dans un état d'esprit spécial, où l'on n'aperçoit que les côtés brillants du régime disparu, sans jamais voir les ombres des fautes ou des crimes, sans distinguer surtout l'impossibilité radicale de rendre l'existence à des organismes devenus insuffisants pour les temps actuels.

Tout ce monde ressemble à une association qui se formerait pour remettre en usage la chaise de poste pour les voyages, la bougie de cire pour l'éclairage, la copie à la main pour reproduire les manuscrits, les coureurs à pied pour transmettre les lettres et dépêches.

Il ne forme pas, heureusement, un chiffre bien imposant.

En l'évaluant à 500,000, le calcul est large. Le même groupe contient encore :

Tous ceux que leur tempérament rend réfractaires à l'idée d'une certaine égalité entre les hommes et qui, de bonne foi, s'estiment supérieurs, eux et leurs congénères, au reste de l'espèce humaine. La pensée d'être gouvernés, peu ou prou, par des hommes qui ne sont pas de leur caste, ou de leur monde, les met hors d'eux. Ils préfèreraient le baron d'Estrigaud à M. Brisson, Barras à M. Grévy. Pour eux, la République est « la gueuse » ou « l'infâme » comme était l'intolérance religieuse pour Voltaire. Ces malades, difficiles à guérir, il faut le reconnaître, car leur maladie est constitutionnelle, sont aussi en nombre restreint, et, réunis au premier groupe, peuvent compléter le million.

Passons aux intransigeants ou radicaux.

Ceux-là sont plus nombreux que les précédents, plus dangereux aussi parce que, très divisés dans les nuances, ils sont très unis pour battre en brèche l'édifice social, tel qu'il est construit actuellement, et que, de plus, ils ont souvent de l'énergie. On relève parmi eux :

Tous ceux qui souffrent de leur condition et supposent qu'en remettant le soin de leurs intérêts au major Labordère, ou à M. de Rochefort-Luçay, ou à M. de Douville-Maillefeu, ils atteindront très rapidement le moment bienheureux où l'on pourra vivre grassement sans rien faire, où il n'y aura plus de riches insolents dont le bonheur apparent tord d'envie les cœurs un peu jaloux, où le travail manuel, quand on daignera s'y adonner, sera le plus beau titre aux honneurs, au pouvoir, à la richesse, etc., etc.

Ce sont là les moutons naïfs du groupe ; ils sont malheureusement en assez grand nombre, car il y a beaucoup de souffrances sur la terre et peu d'intelligences assez saines pour y chercher un remède efficace.

Le plus grand nombre des ouvriers des grandes villes, les paresseux, les ratés et les envieux des petites villes et des villages s'enrôlent d'eux-mêmes dans ce groupe et c'est à trois millions peut-être qu'il faut les évaluer pour le moment, en y comprenant leurs chefs.

C'est-à-dire les rêveurs, les illuminés, les ambitieux, les malins, les peureux même qui, par conviction sincère, mensonge absolu ou hypocrisie timide, entretiennent les illusions de cette foule et la conduisent, avec plus ou moins d'audace, à l'assaut de l'organisation sociale, à la conquête des richesses matérielles.

Ceux-ci sont le petit nombre, mais la vraie force de la troupe; leur intelligence, leur haine, leur activité, leur énergie, tout cela est mis au service de la cause et donne à ce qui serait, sans eux, un grand troupeau, la solidité, la valeur et la cohésion d'une armée.

Faut-il y joindre encore un groupe de gens sans croyance qui souffrent de voir des gens à côté d'eux trouver quelque adoucissement à leurs misères dans les consolations religieuses et voudraient anéantir jusqu'au mot de religion, jusqu'au nom de Dieu, pour calmer l'espèce d'hydrophobie dont ils sont atteints?

Ils ne comptent pas comme nombre; ils sont loin d'être négligeables comme action produite, car c'est leur esprit qui est venu souffler jusque dans les rangs du pouvoir ces inspirations aussi odieuses que grotesques, auxquelles nous avons dû les persécutions religieuses sans efficacité qui ont rejeté, pour un temps, nombre de républicains de raison dans le groupe réactionnaire pur.

## VI

Nous avons donc deux masses d'environ quatre millions d'électeurs, — masses irréductibles pour un espace de temps assez long, — qui comprennent tous les ennemis de la République modérée, celle de M. Thiers et de M. Grévy.

Il nous en reste six millions qui soutiendraient et affermiraient cette République, s'ils s'attachaient seulement aux idées principales sans se laisser diviser par des questions de détail ou de personnes.

Le salut du pays dépend de la cohésion de ce groupe immense, de sa formation en un parti qui pourrait s'appeler le parti *de la Défense sociale* et qui, par sa masse, imposerait au pouvoir une direction conforme à la raison, au droit, aux exigences de la vie en société, aux nécessités de l'existence nationale dans le milieu de monarchies constitutionnelles qui nous enveloppent.

Tous nos efforts doivent tendre à grouper ce grand parti, à l'organiser, à lui fournir son mot d'ordre, sa devise, son orientation, à lui rallier tous ceux que des malentendus, des désespérances, des froissements, en ont momentanément écartés.

L'œuvre à accomplir est toute de dévouement, de concorde et

d'amour; la rancune, la haine, les passions mauvaises y sont étrangères.

Nous connaissons nos adversaires irréconciliables; nous leur pardonnons à l'avance le mal qu'ils nous font, et sans les haïr, nous les combattrons avec toute l'énergie, toute la résolution dont nous serons capables, mais seulement dans le domaine des idées.

Le jour où nous reprendrons le pouvoir politique, *qui nous revient de droit par la loi du nombre,* la seule reconnue, la seule applicable dans les sociétés modernes, nous nous engageons à l'avance à l'employer pour adoucir le malheur de ces adversaires et non pour les persécuter. Nous laisserons prier les réactionnaires, gémir et rêver les radicaux, et, pourvu qu'ils n'apportent pas de trouble matériel à l'organisation sociale actuelle, fille du passé et mère de l'avenir, nous les laisserons cultiver librement leurs regrets et leurs espérances, nous contentant de tenter, par la persuasion, de les ramener à nous, si c'est possible.

Ceci dit, voyons où sont, à l'heure présente, nos six millions d'adhérents et commençons notre revue par la droite, en nous servant de la lumière fournie par les dernières élections générales du 4 et du 18 octobre.

Dans tous les départements, une liste dite « de l'opposition conservatrice » s'est présentée aux suffrages des électeurs. A supposer qu'on eût la patience de scruter les professions de foi, réunions, conférences et publications émanées des hommes portés sur ces listes, on n'y trouverait pas une seule fois énoncée l'intention formelle de renverser la République.

Partout la critique des actes du pouvoir est très vive et, en partie, justifiée. Elle implique la promesse de faire mieux si on était appelé à gouverner la République, et non pas de la renverser pour lui substituer un pouvoir auquel il n'est pas fait la plus légère allusion.

Aussi, en recensant le nombre énorme de voix accordées par toute la France à cette liste, il faut avoir soin de tenir compte de ce fait considérable : Au million de réactionnaires purs que nous avons comptés plus haut, sont venus se joindre une foule énorme de républicains de sentiment ou de raison qui n'approuvaient pas la direction donnée aux affaires, et ont cru la modifier en donnant leur voix aux candidats de « l'opposition conservatrice ».

Ces républicains ont été victimes de l'équivoque la plus colossale qu'ait jamais présentée une élection quelconque. Tous les candidats, tous, sans en excepter un, étaient des monarchistes déguisés, et l'événement l'a prouvé très vite. Moins de deux mois après sa constitution, la Chambre avait à résoudre cette question :

La France doit-elle rester au Tonkin ?

Mgr Freppel excepté, — qui est patriote avant tout, ce qui ne l'empêche pas d'être monarchiste, — tous les députés élus sur des listes d'opposition conservatrice ont répondu : Non.

Colorez cette réponse de tous les prétextes imaginables ; justifiez-la par les sophismes les plus adroits, vous ne parviendrez pas à faire qu'elle n'ait été dictée par une pensée unique : le désir de rendre, par une décision odieuse, la République impossible.

Pour la remplacer par quoi ? demandera-t-on.

Par « le solutionnisme », c'est-à-dire ce qu'on pourrait trouver ayant le plus de chances de rallier les légitimistes purs, les orléanistes, jérômistes, victoriens et partisans d'un sabre quelconque, colligés dans ce bouquet décoré, par un étrange abus des mots, du nom d'*opposition conservatrice*, le rêve de cette opposition étant de ne pas conserver le moins du monde la forme du gouvernement.

Cette unanimité vraiment extraordinaire à répondre : non, à une question si simple ; cette colère violente contre Mgr Freppel, dont le courage méritait au moins l'estime et le respect, le sentiment de réprobation presque générale, parmi les électeurs des listes de l'opposition conservatrice restés en possession d'eux-mêmes, fournissent la démonstration la plus nette de cette vérité, que la plus grande partie desdits électeurs ont été trompés, grossièrement trompés par une simple réticence.

Si les candidats avaient loyalement dit dans leurs professions de foi :

« Tout va mal, vous le voyez, et tout ira mal tant que nous serons » en République ; nommez-moi et je vous ramènerai la monarchie » du droit divin avec don Carlos, ou constitutionnelle avec le comte » de Paris, ou l'empire avec le prince Jérôme ou son fils aîné Victor, à moins que ce ne soit le second, Louis, ou un dictateur, qui » sera Canrobert, Galliffet ou du Barrail. »

S'ils avaient dit cela, ils n'auraient eu, derrière leurs noms, que le million de voix évalué plus haut, et ils ne seraient pas 200 à la Chambre. Mais ils ont menti, menti par restriction mentale, comme disent les Jésuites, et ils ont capté, détourné tout le reste des voix qu'ils ont obtenues.

Celles-là ne retourneront pas à eux si on a le soin, dans chaque département, de chercher et de désigner à l'avance des hommes d'intelligence, d'expérience et de dévouement estimant, comme les élus du 4 octobre, que bien des choses ont été mal conduites en ces derniers temps, mais que le remède à appliquer consiste à changer les hommes et non les institutions, qu'il faut puiser dans le grand réservoir national des hommes ayant bien mené leurs affaires personnelles et disposés à appliquer les mêmes règles de sagesse, de prudence, et d'économie à la conduite des affaires nationales; des hommes aussi habiles, aussi bien élevés, aussi sages, aussi bien pensants que ceux de l'opposition conservatrice, mais décidés à ne pas user les forces sociales à la reconstitution d'un passé bien mort, à les utiliser, au contraire, à la formation d'un parti d'« action conservatrice », à la constitution d'un avenir meilleur par le perfectionnement de l'organisme adopté, qui est, en somme, le gouvernement de tous par tous, et qui peut varier de la République de M. Thiers à celle de Sparte, ou à l'Icarie de Cabet.

## VII

Ces hommes existent, mais il faut les découvrir, les décider à entrer dans l'écœurante lutte de la politique, et, cela fait, les faire connaître aux électeurs.

Que les princes, demeurés parmi nous sous la réserve tacite de ne pas conspirer contre la République, examinent froidement si l'argent qu'ils ont dépensé les 4 et 18 octobre pour faire réussir les listes de l'opposition conservatrice ne serait pas mieux employé à aider, dans tous les départements, le mouvement de propagande pour la formation du grand parti de défense sociale, et, quand ils auront compris cette vérité si simple, qu'ils dirigent leur or sur les comités qui se formeront dans ce but.

Que le comité central de l'opposition conservatrice rentre en lui-même et examine s'il n'y aurait pas plus de profit à faire les mêmes dépenses qu'il a vaillamment employées à soutenir des hommes sans sincérité, pour préparer la réussite d'hommes sincères, qui n'auront rien à cacher aux électeurs et les entraîneront dans la voie libérale, sage, modérée, vers le perfectionnement du gouvernement républicain, *le seul qui puisse, de nos jours, rallier une masse appréciable d'adhérents.*

Cet examen, fait de bonne foi, prouvera aux princes que leur argent sera du moins employé à leur permettre de vivre en paix sur le sol français, tandis qu'en allant à « l'opposition conservatrice », il avait pour effet de faire expulser certains d'entre eux par « le solutionisme » qui aurait triomphé ; il prouvera au comité central que son argent serait ainsi employé à la défense des grands principes sociaux : la propriété, la famille, le droit de croire à la vie future, la vérité, la justice, principes plus intéressants peut-être que l'élévation de don Carlos, du comte de Paris, de Jérôme, Victor ou Louis Bonaparte, et même du maréchal Canrobert ou des généraux de Galliffet ou du Barail.

## VIII

Si tout cet argent se détournait de son cours actuel pour venir au parti de la Défense sociale, ce serait très heureux ; mais, s'il n'y vient pas, le parti peut s'en passer.

Il peut s'organiser tout seul, comme M. de Mun voulait, — avec plus d'entrain que de sagesse, — organiser dernièrement le parti clérical.

Chacune des communes de France renferme quelques hommes, sans regrets du passé, sans rancune bête contre l'appellation : République, qui voudraient voir la République former un gouvernement ferme, libéral, honnête, habile, modéré, sous lequel la France pourrait être aussi grande, aussi estimée des autres nations, aussi heureuse et plus libre qu'elle n'a jamais été dans le passé.

Que ces hommes se cherchent et s'unissent pour propager, dans leur milieu social, ces idées simples et nettes. Qu'ils forment le noyau d'un petit groupe local ayant d'abord pour devise : Maintien de la République; sincérité dans les élections.

Ces premiers fragments épars s'uniront avec les fragments semblables des localités voisines : chaque arrondissement aura son foyer au chef-lieu, avec sa caisse alimentée par des dons volontaires, des cotisations, des quêtes, des loteries, tous les moyens ordinairement employés pour faire contribuer les hommes apathiques à une œuvre utile, et l'œuvre de propagande générale pourra commencer. Conversations, lectures, conférences, réunions, publications, journaux, revues, tout pourra être mis en œuvre pour convaincre les électeurs que le remède le plus simple à la plupart des maux dont souffre la France, c'est l'union de tous ceux qui veulent la faire vivre et l'ablation du mensonge dans les candidatures politiques.

Les arrondissements unis s'entendront pour adopter une liste de candidats sincèrement républicains et modérés dans leurs idées; ils iront les chercher partout où ils existeront dans de bonnes conditions de réussite.

Talent, honnêteté, sagesse, convictions fermes, passé pur, voilà les conditions à chercher et qu'on rencontrera partout.

Les médecins et vétérinaires pourront fournir quelques candidats; mais pas en aussi grand nombre que la composition des dernières Chambres pourrait le donner à croire.

De même les avocats. Beaucoup d'entre eux savent parler, mais beaucoup aussi ont appris, au Palais, à mentir avec vraisemblance. Il faut se méfier de leurs habitudes professionnelles.

Et qu'on ne s'arrête pas aux répugnances qu'on rencontrera certainement chez les plus méritants, les plus désirables, les plus dignes. Il faut leur faire accepter cette charge civique, les faire consentir à interrompre leurs méditations, leurs études, leurs entreprises pour se consacrer pendant quatre ans au bien public dans la mesure de leurs forces.

La diplomatie, l'administration, la justice, l'armée, la marine, les travaux publics, sont des carrières qui prennent toute la vie d'un homme, qui doivent par conséquent le nourrir, lui et les siens, et lui assurer par une pension de retraite la paix de ses vieux jours. La représentation des électeurs dans les conseils municipaux, d'arrondissement et généraux, dans les Chambres, ne doit pas être une carrière, mais un accident temporaire plus ou moins prolongé dans l'existence d'un citoyen. Elle doit être plutôt un devoir à remplir qu'un honneur à rechercher, et si les Chambres n'étaient remplies que d'hommes ayant bien accompli dans la vie privée ou publique la tâche que leur imposait leur profession, leur situation ou leur carrière, les choses n'en iraient pas plus mal et on ne regretterait pas, croyons-nous, les avocats sans clients, les journalistes sans lecteurs, les médecins sans malades et les vétérinaires sans animaux, qui les ont encombrées dans ces derniers temps.

Le politicien qui s'offre ne vaut pas, à mérite égal, le citoyen qui s'est occupé d'abord de ses propres affaires, les a bien gérées et, par dévouement à la chose publique, consent à se laisser tirer de son obscurité. L'Assemblée nationale de 1871 contenait beaucoup de ces députés improvisés que la foule avait choisis, d'instinct, pour mettre fin à une guerre désormais impossible. On est frappé de l'honnêteté générale de cette Assemblée. S'ils avaient eu un peu plus de temps, les électeurs eussent pu trouver des mandataires aussi honnêtes et un peu plus avisés; l'Assemblée nationale eût été parfaite.

Pourquoi n'opérerait-on pas toujours ainsi?

Lorsque le chef du pouvoir exécutif doit nommer des ministres, prend-il ceux qui viennent s'offrir?

Non; il cherche péniblement ceux qui ont le plus de talent et qui peuvent être acceptés par le Parlement.

Les commissions d'examen instituées par les électeurs devraient agir de même et chercher les candidats qui, ayant le mérite, représentent les idées politiques de leur groupe électoral. Les mêmes hommes ne seraient pas acceptés en Vendée, en Corse et à Belleville. Mais, sur ces trois points différents, les candidats devraient être intelligents et surtout sincères.

## IX

Revenons à notre organisation du grand parti de la Défense sociale. Quelqu'un prétendra-t-il qu'avec l'aide du temps, et des efforts persévérants tentés par les hommes d'initiative qui se mettront, sur chaque point, à la tête du mouvement, ce parti ne pourra pas, ne devra pas rallier la majorité absolue des électeurs français, six millions au moins?

Discutons ce dire.

La foule innombrable dans ces six millions est composée des travailleurs agricoles, de ce qu'on appelait avec mépris, sous l'Empire, les ruraux. Petits fermiers, petits propriétaires d'un bout de champ, d'une maisonnette, petits artisans de village, petits débitants et manouvriers de campagne, tels sont les éléments constitutifs de cette masse profonde. Les croit-on disposés à revenir en arrière pour rétablir la monarchie ou l'empire, ou instituer le régime du sabre, tous ces travailleurs constamment attachés à ce qui est, par crainte des commotions?

Ou bien pense-t-on qu'ils aient le désir de bouleverser une organisation sociale où ils ont une place modeste mais assurée, pour essayer des combinaisons des possibilistes ou des collectivistes, ou des nihilistes, ou même de « l'instruction intégrale » de M. Clémenceau ?

Non, à coup sûr. Et si vous leur présentiez des hommes d'un mérite éprouvé en leur disant :

« Ces hommes veulent conserver ce qui existe en l'améliorant ; ils seront économes de vos deniers, soucieux de la grandeur du pays.

jaloux de sa sécurité, gardiens de la paix honorable et préoccupés de réaliser le maximum de bonheur public qu'une société puisse atteindre. » Si surtout vous parvenez à donner confiance dans ces hommes et dans ces promesses à des gens naturellement défiants pour avoir été trop souvent trompés, vous arriverez à ce résultat que la grande masse des « ruraux » ira vers ces hommes et se détournera des socialistes qui promettent, comme on dit, plus de beurre que de pain, et des monarchistes, déguisés ou non, qui conduisent droit à une commotion violente.

Que sera-ce du restant de nos six millions : fermiers, industriels, travailleurs de toute espèce, propriétaires de toute importance, qui savent juger les hommes et les choses, qui lisent, qui vivent dans des centres de population où on peut s'éclairer mutuellement, et qui ne souhaitent, au fond de leurs cœurs, que la sécurité, l'ordre et la liberté, que la République modérée peut donner tout aussi bien que la monarchie la mieux réglée? Quand ils verront devant eux les hommes dont nous parlons, quand ils auront mis en eux la confiance que méritera leur sincérité absolue plus encore que le talent dont ils pourront faire preuve, ces électeurs moyens, qui font la force de la France, marcheront droit à ces candidats d'espèce nouvelle ; ils les prôneront, se feront leurs répondants devant les ignorants et les timides, et assureront leur succès, leur grand, leur incontestable succès dès le premier tour de scrutin. Car, ne l'oublions pas, il ne doit rester qu'un million d'électeurs en arrière et on n'en doit craindre que trois millions en avant. Encore ces deux groupes seront-ils souvent divisés en tronçons, M. Paul de Cassagnac ne ralliant pas les mêmes électeurs que M. Baudry d'Asson, et M. Clémenceau ayant une autre clientèle que M. Camelinat ou M. Allemane.

Le parti de la Défense sociale doit donc faire passer ses candidats au premier tour dans soixante départements peut-être, car les collèges comme la Seine, le Rhône, les Bouches-du-Rhône, avec Paris, Lyon et Marseille ; comme la Corse ou le Calvados ; comme la Vendée ou le Finistère, ces collèges, encore inféodés aux traditions monarchiques ou gagnés aux conceptions socialistes, sont la petite minorité en France. La très grande masse veut travailler, produire, vivre en paix et jouir sans trouble du fruit de son travail, et si elle ne l'a pas toujours exprimé d'une manière claire par les choix qu'elle a faits jusqu'ici, c'est que le mensonge a toujours été la base fondamentale de toutes les opérations électorales, et qu'on fait beaucoup de politique avec des nerfs, des passions violentes et haineuses, au lieu de traiter ce genre d'affaires comme toutes les autres, avec sang-froid, calme et bon sens.

Entrez dans une assemblée d'actionnaires de société anonyme et écoutez ce qui s'y dit. Vous serez étonnés du calme, de la simplicité des orateurs, et frappés de la sagesse des décisions qui se votent à des majorités considérables. Passez de là dans une réunion électorale ou dans une assemblée politique. Quel changement d'atmosphère! Là, les hommes semblaient des sages; ici, les hommes paraissent des fous. Injures, cris, emphase ampoulée, menaces, *boucan*, comme on dit dans la jeune droite, se croisent et s'entremêlent sans laisser le loisir d'écouter ni de réfléchir, et les votes!... n'en parlons pas, ce serait trop triste. Pourquoi cette différence? Est-ce que la politique, ce n'est pas le genre d'affaires le plus intéressant pour nous, puisqu'il englobe et nos intérêts matériels par les impôts et nos intérêts moraux, car l'honneur du pays, le sang de nos enfants, la direction de leur esprit et la liberté de tous sont aux mains de ceux qui gouvernent et que nous choisissons.

Pourquoi tant de haines farouches? Ne sommes-nous pas des associés, qui pouvons différer de pensée sur la marche à suivre en vue de la prospérité sociale, mais qui sommes tous solidaires? Si la fraternité de l'Évangile est encore un idéal trop haut pour les Français d'aujourd'hui, ne peuvent-ils au moins atteindre au sentiment de la solidarité? Qu'ils se représentent donc les sociétés rivales, guettant leurs divisions pour en profiter, leurs déchirements intérieurs pour mettre à exécution les desseins secrets d'anéantissement qu'elles forment au plus profond de leur âme; ils sentiront peut-être remuer en eux une fibre muette jusqu'ici, qu'on a nommée en raillant, « le chauvinisme », et ils jugeront les questions intérieures comme le font les Français résidant en pays étrangers: à grands traits, à grandes lignes et en vue de l'élévation de la France dans l'estime du monde.

C'est dans cette voie que les adhérents à la ligue de la Défense sociale auront à travailler, à catéchiser, à prêcher les égoïstes, les haineux, les sectaires et les obtus. Ils en rallieront bon nombre s'ils ne cherchent pas à se faire un marche-pied de leurs prédications, si les plus actifs, les plus zélés d'entre eux sont ceux qui veulent rester dans l'ombre et qui n'emploient leur intelligence et leur zèle qu'à doter leur pays de candidats autres qu'eux-mêmes, mais éclairés, sincères et fermes dans leurs convictions.

Leur apostolat donnera l'exemple de ce que peut l'esprit d'abnégation et de dévouement, relégué pour l'instant dans les œuvres de charité pure, et ils auront pour récompense, même s'ils échouent, la satisfaction de la conscience, la première de toutes les joies et la plus négligée de nos jours.

## X

Et si cet apostolat réussit, si, avec l'aide du temps, le grand parti de la Défense sociale envoie dans les Chambres une majorité de représentants dignes de lui, qui soient au nombre des intransigeants des deux bords comme 6 millions est à 4 millions, que pourront produire ces intransigeants, même en se coalisant comme ils l'ont fait hier? Aucun trouble. Leurs clameurs seront bonnes à entendre pour avertir quand on ira trop vite en avant, ou quand on reviendra trop en arrière. Elles rendront le service des voix qui avertissaient le navigateur d'éviter aussi bien Charybde que Scylla; on aurait à regretter leur disparition si, par impossible, l'unanimité se faisait un jour en France, phénomène qui ne se serait jamais vu dans aucune société humaine.

---

## CONCLUSION

Résumons ce travail qui n'est si long que par l'impuissance de l'écrivain à rester clair en étant concis.

La situation actuelle de la France est navrante; elle est loin d'être désespérée.

Un malentendu, né d'une réticence grossière, a composé la Chambre des députés de 200 monarchistes déguisés qui, en s'unissant à l'extrême gauche dans des vues de destruction, peuvent tout empêcher sans rien pouvoir produire. Dans un temps plus ou moins rapproché, cette situation anormale aboutira fatalement à la dissolution de la Chambre prononcée constitutionnellement par le Sénat et le Président de la République réunis.

C'est en vue de cet événement certain, dont la date seule est inconnue, qu'il faut créer un instrument de salut pour la France : la *Ligue de la Défense sociale*, formée de tous les Français sans passion qui reconnaissent la souveraineté nationale et veulent conserver la République en lui donnant une direction sage, libérale, modérée, très différente de celle qui a été suivie depuis cinq ans.

Que cette Ligue s'organise de suite et prépare les voies pour présenter et faire réussir, lors de la dissolution, des candidats selon son cœur. Il suffira que ces candidats entrent en majorité dans la nouvelle Chambre, pour que la situation de la France devienne prospère, de désespérée qu'elle était, pour que les destinées de notre pays reprennent leur cours naturel, pour que l'estime du monde nous soit rendue, pour que toutes les réformes pratiques et désirables puissent s'accomplir à leur heure.

Et tous ces bienfaits peuvent être obtenus par un simple effort d'énergie des hommes de bon sens, et par un simple changement dans les mœurs : la substitution de la sincérité au mensonge dans les opérations électorales.

Il faudrait désespérer du bon sens français pour ne pas admettre que cela soit possible. Cela adviendra-t-il ? Peut-être !

*Paris, 2 Janvier 1886.*

IMPRIMERIE CHAIX, RUE BERGÈRE, 20, PARIS. — 350-6.

www.ingramcontent.com/pod-product-compliance
Ingram Content Group UK Ltd.
Pitfield, Milton Keynes, MK11 3LW, UK
UKHW020227200726
13856UKWH00004B/1644

9 782011 619273